Die Entstehung der öffentlichen Strafe
im germanisch-deutschen Recht.

Die Entstehung der öffentlichen Strafe

im

germanisch-deutschen Recht.

Rede,
bei Antritt des Rektorats
am 31. Oktober 1908
gehalten von
Dr. Karl Binding.

Leipzig,
Verlag von Duncker & Humblot.
1909.

Alle Rechte vorbehalten.

Pierersche Hofbuchdruckerei Stephan Geibel & Co. in Altenburg.

Hochansehnliche Festversammlung![1]

In dieser feierlichen Stunde treten wir ein in ein Jahr der Rückschau. Die Lebenszeit unsrer Hochschule rundet sich zum halben Jahrtausend. So fühlt sie sich ehrwürdigen Alters! Denn wieviel ernste Arbeit haben diese fünf Jahrhunderte aus ihrem Schoße geboren! Wieviel Wandlungen, Erfolge und Enttäuschungen hat

---

[1] Das folgende gibt im wesentlichen die Rede wieder, die ich am 31. Oktober 1908 beim Antritt des Rektorats gehalten habe. Einiges Wichtige habe ich zugesetzt. Das behandelte Problem hat mich seit der Zeit meiner Habilitation unausgesetzt lebhaft beschäftigt. Ich ließ meine Gedanken langsam reifen. Sie sind jetzt zu einem Abschlusse gelangt. Ich glaube, die Fragen schärfer gestellt und genauer beantwortet zu haben, als dies bisher geschehen ist. Deshalb glaube ich, die Rede trotz ihrer Kürze weiteren Kreisen zur Kenntnis bringen zu sollen. Ich ertränke sie nicht in einem Schwalle von Noten. Wieviel ich den ausgezeichneten Werken von J. Grimm, Wilda, Brunner, v. Amira, Frauenstädt, Mogk und anderen verdanke, erkennt der Sachverständige sofort, ohne daß ich es an jeder Stelle zu sagen nötig hätte. So bleibt die Anmerkung auf das bescheidenste Maß beschränkt. — Ungeachtet der ausgezeichneten Darstellungen des germanischen Strafrechts, die wir so glücklich sind zu besitzen, wimmelt das, was darüber traditionell für Lehrzwecke oder in populären Darstellungen mitgeteilt zu werden pflegt, von den gröbsten Fehlern. Es wird Zeit, damit endlich aufzuräumen!

sie in ihnen geschaut! Wieviel gelehrte Geschlechter hat sie gehört, geherbergt und begraben!

Und doch ist ein halbes Jahrtausend nur eine winzige Zeitspanne in der Geschichte der Menschheit und eine fast verschwindende Größe in der Geschichte der Welt!

Grade deshalb aber besitzen wir zugleich das gute Recht, uns noch jung zu fühlen.

Und daß ich es nur gleich bekenne: nicht unter dem Drucke des Greisenalters, sondern im Vollgefühle unverbrauchter und sich stets verjüngender Kraft treten wir in unser Jubeljahr ein.

Möglich, daß wir alt schon einmal gewesen sind. Aber diese Jugendkrankheit liegt weit hinter uns!

Wie dürften wir uns auch sonst des kommenden Jahres freuen?

Der Charakter dieses Jahres bestimmt nun auch billig das Wesen der Rede, die es eröffnet. Auch sie hält Rückschau. Aber sie greift nicht unserm Feste unbefugt vor und beschäftigt sich nicht mit der Entstehung und Entwicklung unsrer Hochschule. Sie macht auch nicht Halt bei unserem Geburtsjahr 1409, sondern schaut weit über dies Jahr zurück. Wieweit? Das vermag sie nicht einmal nach Jahrhunderten genau zu sagen. Jedenfalls tief in die Zeit heidnischen Germanentums. Und nicht von stiller gelehrter Arbeit will sie erzählen. Die gab es damals noch lange nicht. Sondern von dem erschütternden Ringen zwischen Leidenschaft und Recht und zwischen dem Rechte und seiner eigenen Leidenschaftlichkeit.

Ich will heute sprechen von der Mißtat und der Zeitfolge ihrer Rechtsfolgen.

I. Verbrechen und Strafe verbindet man miteinander als selbstverständlich zusammengehörig und denkt beide wohl als verbunden zurück bis an den Anfang allen Rechts.

Dies mag tun, wer alles Unheil, das die Mißtat von Rechts wegen über ihren Urheber heraufbeschwor, als Strafe zu bezeichnen für gut findet. Damit aber wird ein dunkler Schleier über eine der großartigsten Entwicklungen der Weltgeschichte gebreitet. Über der Gleichheit der Ursache verschwindet die fundamentale Verschiedenheit ihrer Folgen, und ein vages Wort verdeckt die mächtigen Umschwünge im Gefühlsleben, das auf die Mißtat jeweilen die entscheidende Antwort gegeben hat.

Denn aus der Leidenschaft geboren erhielt das Verbrechen auf Jahrtausende hinaus auch seine Antwort gerade von der Leidenschaft, die es wachgerufen hatte.

Und seltsam! Soweit uns die Geschichte der Kulturvölker bekannt ist, scheint die Wandlung dieser Antworten, also auch der Gefühlsweisen, wodurch sie bestimmt wurden, wesentlich den gleichen merkwürdigen Gang genommen zu haben.

Doch darf ich heute um so weniger vergleichende Strafrechtsgeschichte treiben, als das, was ich klarlegen möchte, schon in der Beschränkung auf das germanisch-deutsche Recht fast den engen Rahmen sprengt, den die Stunde um eine Festrede spannt.

II. Unsere heutige Strafe ist eine **öffentliche**. Nicht deshalb, weil das Staatsgericht sie verhängt, weil Gesetz und Urteil ihren Inhalt bestimmen, und Staatsorgane sie meist vollstrecken. Alles dies ist auch bei der Privatstrafe geschehen. Und der Hausarrest für Offiziere, den sie selbst vollstrecken, ist trotzdem echte öffentliche Strafe.

Deren Wesen ruht allein darin, daß das Recht auf Strafe ausschließlich dem Staate zusteht, und in keinem einzelnen Falle eine Privatberechtigung auf Strafe konkurriert.

Mittels dieser öffentlichen Strafe wird das gemeine Wesen, daß ich so sage, innerhalb seiner selbst mit der Mißtat und dem Missetäter fertig. Der Verbrecher hat nie aufgehört Rechtsgenosse zu bleiben. Aber als aufrührerischer Genosse wird er innerhalb der Rechtsordnung durch die Gemeinschaft zur Verantwortung gezogen und dem Rechtszwange wieder förmlich unterworfen.

Mich reizt nun der Versuch, Ihnen zu zeigen, daß

diese unsre öffentliche Strafe genau so jung ist, wie das Verbrechen uralt, und ich möchte Sie durch die Etappen führen, die auf dem Wege von der ältesten Verbrechensfolge zu der unsren Anschauungen allein gemäßen zurückgelegt werden mußten.

Bei diesem Versuche, die Entstehung der öffentlichen Strafe im germanisch-deutschen Rechte aufzuweisen, kann manches nur von problematischer Richtigkeit sein. Auf wichtige Fragen lassen uns die Quellen ohne Antwort oder geben sie nur dunkel oder mehrdeutig. Auf nicht unwichtige Verschiedenheiten in den verschiedenen Quellengebieten kann ich nicht eingehen. Eine auch nur annähernd gleichmäßige Berücksichtigung ihrer aller ist undenkbar. Gar manche rückläufige Bewegung — und an solchen hat es auch nicht gefehlt — schalte ich aus[1].

Phantastische Ausgangspunkte aber weise ich von der Hand. Ich beginne genau da, bis wohin die ältesten Bestandteile unserer inhaltlich ältesten Quellen den geschichtlichen Rückschluß zulassen. Und diese ältesten Quellen sind trotz der viel jüngeren Zeit ihrer Aufzeichnung die reichen Quellen Skandinaviens von Island bis herab nach Dänemark.

---

[1] Ganz besonders bin ich auf solche im friesischen Recht gestoßen. S. darüber das verdienstvolle Werk von R. His, Das Strafrecht der Friesen im Mittelalter. Leipzig 1901.

III. Mit einem Akte der Wegreinigung muß ich beginnen.

Die Geschichte der Verbrechensfolgen wird m. E. gefälscht, wenn Menschen-Opferungen als Rechtsfolgen der Mißtat gefaßt und zu den ältesten Todesstrafen gestempelt werden[1]. Diese Opfer waren bei den Germanen stets Staatsopfer, nach feierlichem Ritus durch den Priester vollzogen. Er gerade fordert Tiere, Männer oder Frauen als Opfer für den Gott. Die amtliche Vollstreckung läßt diese Opfer den Strafen sehr ähnlich erscheinen, und oft genug werden sie auch heute noch als solche gedeutet.

Aber wie das Opfer überhaupt, so steht auch das Blutopfer ganz unabhängig von der Schuld des Geopferten, wenn schon bei den Germanen zweifellos auch Verbrecher geopfert wurden. Die lex Frisionum sagt uns dies bezüglich des Tempelschänders ja fast ausdrücklich.

Der Zweck des Opfers ist aber so unkriminell wie möglich.

Der Lebenserhaltung des oder der Opfernden allein soll es dienen. Deshalb wird es vor allem dem Totengotte gebracht. Nicht zu stillen ist dessen

---

[1] Selbst Brunner, Rechtsgeschichte I² S. 266 schreibt noch: „Die Todesstrafen der germanischen Zeit waren sakraler Natur." Aber die germanische Zeit hatte gar keine öffentlichen Strafen an Leib oder Leben, und die Opferung insbesondere hat mit dem Strafrecht gar nichts zu tun.

Durst nach Leben. Diesen Durst versucht der Opfernde dadurch zu löschen, daß er lieber zum voraus mit fremdem Leben zahlt, damit der Gott auf das seine verzichte, oder daß er dem Gotte vor der Gefahr reichlichen Ersatz gelobt, wenn der Gefährdete sie heil bestanden.

Im ersten Falle **Schutzopfer**, ist es im zweiten **Dankopfer — Erfüllung eines feierlich abgelegten Gelübdes**.

Die Todesangst oder, etwas zarter gesprochen, **die Lust am eigenen Leben, ist die Mutter des Menschenopfers**. Daher sein ständiger Zusammenhang mit der Angst vor der Niederlage im Kampfe — sei's mit dem Feind, sei's mit dem Meer, sei's mit der Hungersnot.

Deshalb auch die volle Rücksichtslosigkeit auf Schuld oder Unschuld der Geopferten.

Für deren Auswahl sind zwei Gesichtspunkte maßgebend gewesen: **der dem Totengott Genehmste und der für die Opfernden Entbehrlichste** wird geopfert. Ob das Opfer genehm ist, wird im Einzelfall durch das Loos-Ordal erkannt. Regelmäßig aber werden die Opfer nur drei Personengruppen entnommen. Die bei den Germanen verbreitetsten Menschenopfer sind die der **Kriegsgefangenen**, die sich fast bei allen germanischen Stämmen nachweisen lassen (s. auch

Tacitus, Annal. I 61; XIII 57). Dann werden die Sklaven geopfert. So berichtet Tacitus in der Germania, Kap. 20, daß die Sklaven, die den Wagen der Nerthus beim Feste der Göttin gezogen hatten, nach dem feierlichen Umzuge ertränkt wurden. Endlich verfallen der Gottheit die Friedlosen — aber nicht als Verbrecher, sondern weil sie außerhalb der Volksgemeinde standen, also die Entbehrlichsten waren. Ihre Opferung ist sakrales Verfahren gegen den Friedlosen, der dem Gotte preisgegeben wird [1].

Doch ist diese amtliche Opfertötung in zweifacher Beziehung für die Entwicklung des Strafrechtes bedeutsam geworden.

Wenn es Brauch wurde, den Urheber bestimmter Mißtaten, besonders der sogenannten Nidingswerke und der Verletzung der Heiligtümer zu opfern, so konnte bei den germanischen Stämmen eine analoge Ideenassoziation

---

[1] Daß die germanische Menschenopferung mit der Strafe gar nichts zu tun hatte, ist eine Auffassung, zu der ich schon längst gedrängt worden bin. Jetzt ist der ganze Gegenstand ebenso gründlich als lichtvoll behandelt von Mogk, Die Menschenopfer bei den Germanen, Abhandl. der philol.-histor. Klasse der Kön. Sächs. Gesellsch. der Wissenschaften XXVI (1909), S. 600 ff. Besonders S. 638 ff. wird das Verhältnis der Menschenopfer zum Strafrecht besprochen. Das Ergebnis faßt Mogk in die Worte: „Die Menschenopfer sind rein sakrale Handlungen, aber keine strafrechtlichen, und sind für die Frage auch des sakralen Strafrechts ganz auszuscheiden." Mit dieser Abhandlung dürfte ein alter, ziemlich tief eingewurzelter Irrtum endgültig abgetan sein.

zwischen der Schandtat und dem ihretwegen verhängten Tode entstehen, wie sie entsteht bei angedrohter und übungsgemäß angewandter echter Todesstrafe. Ich darf ungenau, aber anschaulich sagen: **es konnte sich die Auffassung von dem todeswürdigen Verbrechen ausbilden.**

Des weiteren waren diese Opfer als Kultakte feierlich und individuell ausgestaltet —: das **Rädern**, das **Verbrennen**, das **Lebendigbegraben**, das **Ertränken**, das **Hängen**![1]

Diese Tötungsformen aber wurden dem Volke, das sie in Verbindung mit bestimmten Verbrechen brachte, geläufig.

Gegen diese heidnische Menschenopferung mußte sich das eindringende Christentum wenden, und es hat sie nach den Quellen anscheinend nicht ohne Erfolg bekämpft.

Aber das Volk hielt an den alten Tötungsriten fest, und so **wurde die Tötung von Gotteswegen vorbildlich für die späteren Tötungen von Rechtswegen.**

---

[1] Gehängt d. h. schimpflich getötet wurden vor allem die wegen der Heimlichkeit ihrer Handlungsweise ganz besonders verachteten Diebe; sie wurden dem Odin geopfert, ihre Leichen wurden dem Winde preisgegeben. So ward Odin zum Gott der Gehängten! Deshalb war es ein Delikt gegen den Gott, den Gehängten, der ihm gehört, vom Galgen zu nehmen.

IV. Also nicht der Gott und sein Opfer interessieren uns hier, sondern das Recht und sein Feind.

Nun führen alle germanischen Quellen auf eine Auffassung des Verbrechens und auf eine Rechtsfolge desselben zurück.

Alle, auch die kriegerischsten germanischen Stämme preisen den Frieden, das ist der gesicherte und geordnete Zustand im Volke unter der Herrschaft des Rechts.

In der Teilhaftigkeit am Frieden wurzelt die ganze rechtliche Stellung und der Rechtsschutz des Freien, seine Mannheiligkeit, das ist seine Unverletzlichkeit an Leib und Gut[1].

An diesem Frieden vergreift sich der Mißtäter. Das Verbrechen ist Friedbruch. Jeder Friedbruch aber fordert die verbrecherische Absicht, den Vorsatz. Nur darf man nicht vergessen, daß die Kunst diese Schuld zu erkennen und festzustellen dem Stande der altgermanischen Psychologie entsprach. Beide staken noch in den Kinderschuhen, und uns entsetzt zum Teil die Roheit dieser Versuche.

Diese Verbrechensauffassung aber ist durchaus edel. Der Mißtäter vergreift sich schuldhaft nicht nur an dem

---

[1] Wie der Sklave keinen Teil am Frieden hat, kann er auch keinen verlieren. Auch die Frauen konnten bei manchen Stämmen nicht friedlos werden.

Einzelnen, den er tötet oder bestiehlt, sondern an der ganzen Friedensgenossenschaft. In heutiger Rechtssprache gesprochen: die Germanen haben das Schuldmoment und das öffentlich-rechtliche Moment im Verbrechen nie verkannt.

Weit ärger jedoch, als die Mißtat den dadurch Getroffenen, weit härter noch als die Allgemeinheit schlägt sie den Mißtäter selbst. Der Frieden schützt nur die Friedfertigen. Wer ihn vorsätzlich bricht, dessen Tat schneidet — und zwar im Augenblick ihrer Begehung — unbarmherzig das ganze Band durch, das ihren Täter bisher mit der Friedensgenossenschaft verknüpft hat. Eine unselige Minute wandelte den Friedensgenossen zum Friedlosen, zum in die Acht Gefallenen, für und gegen den es nun kein Recht mehr gab. Eine geradezu erschütternde Logik!

Sie könnte kältester Mitleidlosigkeit ebenso zum Ausdruck gedient haben als heißester Leidenschaft. Bei den Germanen, deren Gemüt bei kleinstem Anlasse kochte, kann diese furchtbarste Verbrechensfolge, die es je gegeben, nur als Ausgeburt leidenschaftlichster Erbitterung betrachtet werden. Wer in die Hürde des Friedens brach wie der Wolf, der sollte auch ein Wolf werden, er bekam ein Wolfshaupt, er wurde hinausgestoßen in die Wildnis, er wurde Waldgänger. Und, wie das germanische Sprichwort sagte: „Bär und Wolf haben nirgends Frieden".

Die Leidenschaft des Friedensverbandes ist noch zu groß, zugleich sind er und seine Kraft noch zu klein, um innerhalb seiner selbst den Verbrecher zur Verantwortung zu ziehen und gar innerhalb seiner zu dulden. Darin liegt der tiefe Unterschied zwischen Friedlosigkeit und Strafe, der trotz seiner Klarheit von so vielen nicht verstanden wird. Jene ist das absolute Gegenteil von dieser. Man kann den Wolf scheuchen, hetzen, töten, aber nicht strafen!¹

---

¹ Es zeigen sich hier sehr interessant abgestufte Entwicklungen, die ebensoviel Stadien staatlicher Kraftentwicklung wiederspiegeln.

1. Ein Urteil könnte im Gegensatz zum alten Friedlosigkeitsurteil den bisherigen Friedensgenossen friedlos legen. Dann wäre es echtes Strafurteil der Rechtsgemeinschaft über einen Rechtsgenossen; die Rechtsfolge wäre echte Straffolge; die Strafe bestünde in der völligen Rechtsvernichtung. Die Gemeinschaft erklärte sich für unfähig, den bisherigen Rechtsgenossen innerhalb des Rechtsverbandes weiterhin zu dulden. Die Strafe wäre also eine echte Verwirkungsstrafe.

Würde dann aber eine Vollstreckung der Acht von amtswegen vorgenommen, soweit sie möglich wäre, so wären diese Maßnahmen ebensowenig Strafen, wie das Strafe des Friedlosen sein würde, was ihm widerführe, wenn — daß ich so sage — die Vollstreckung der Willkür oder dem Zufalle preisgegeben wäre.

2. Das Urteil nimmt dem Verurteilten nicht die Persönlichkeit, aber es verbannt ihn oder verweist

V. Gegenüber der uns heute geläufigen sorgsamen Isolierung des Schuldigen ist es nun auffallend zu beobachten, wie sich aus zwei Gründen die Verbrechensfolge im germanischen Recht über den ursprünglich Schuldigen nachträglich ausdehnt.

Germanischer Betrachtung widerstrebt es nicht, nach abgeschlossener Tat den Täterkreis zu erweitern. Wer für den Mißtäter eintritt, wird seiner Tat mitschuldig. So der Begünstiger, so die Sippe des Täters. Bei dem festen Sippenverband stand nämlich die Sippe zu ihrem Genossen, auch wenn er verbrach, nur nicht gegen sie selbst verbrach: dadurch aber wurde sie in die Folgen der Missetat, in die faida mit verwickelt.

Eine andere Erweiterung wurzelt in dem Totenkult. Die Seele eines von dritter Hand Erschlagenen findet nach germanischer Auffassung ihren Weg ins

---

ihn außer Landes. Hier droht Verwirrung von einer Ähnlichkeit. Die Friedlosigkeit hat sich ja tatsächlich in vielen Einzelfällen zur Verbannung abgeschwächt, und ausgestoßen erscheint der Friedlose wie der Verbannte.

Aber die Verbannungsstrafe nimmt dem Verbannten nicht die Persönlichkeit, nicht den status libertatis, nicht einmal notwendig den status civitatis: die Strafe ist dann nur eine Aufenthaltsbeschränkung des Bürgers. Die Rechtsgemeinschaft, in deren Namen das Urteil spricht, erträgt die weitere Zugehörigkeit des Verbannten zu dem Rechtsverbande, glaubt nur seine lokale Nähe nicht dulden oder nicht tragen zu können.

Seelenreich nicht. Unstät irrt sie umher und sucht sich mit dem toten Körper wieder zu vereinigen. Gelingt dies, so wird der Tote ein „Wiedergänger" und erscheint den Lebenden als Gespenst, vor dem sie beben.

Um dies zu verhindern werden die Leichen Verstorbener, von denen man Wiedergängerei befürchten konnte, aber besonders auch lebendig Begrabene mittels eines durch sie geschlagenen Pfahls fest an den Boden geheftet, vielleicht auch noch mit Dornen umhüllt, um ihnen diese Neigung zu verleiden[1].

Solchen gequälten Seelen Ruhe zu schaffen, war die Pflicht ihrer Hinterbliebenen. In dieser Angst und dieser Pietätspflicht ist die eine Wurzel der so heilig gehaltenen Blutrache zu erkennen, wie in der Unerträglichkeit des Unrechts, das die Sippe durch die Tötung ihres Genossen erduldet hatte, die andere. Blutrache aber ist nicht die blutige Rache, sondern die Rache, die das Blut des Gemordeten an dessen Mörder nimmt[2].

Diese religiösen Vorstellungen aber treiben — dem Grundgedanken des germanischen Verbrechensrechtes schnurstracks zuwider — zur Rache, auch wenn nur unvor-

---

[1] S. Brunner, Über die Strafe des Pfählens im älteren deutschen Rechte, Sav. Z. German., Abt. XXVI, S. 258 ff.

[2] Das Wort „Blutrache" ist der Rechtssprache des Mittelalters fremd. Die Quellen sprechen von inimicitia mortalis. Haupt- oder Todfeindschaft. S. Frauenstädt, Blutrache, S. 10, N. 1.

sätzliche Tötung, Tötung von Ungefähr, sogenanntes Ungefährwerk vorlag.

Und sie wirkten so mächtig, daß das Recht mit ihnen ein Kompromiß eingehen mußte. Aber echter Friedbruch war das Ungefährwerk nie.

VI. Alle unsere Quellen sind auch in ihren ältesten Bestandteilen zu einer Zeit geschrieben, worin die Friedlosigkeit schon abkaufbar geworden war. Gerne bezeichnen sie deshalb den Friedlosen als einen solchen, der, wenn erschlagen, „unheilig" liege und „unvergolten", für dessen Tötung also Buße nicht gezahlt werden müsse. Während aber von den südwestgermanischen Rechten die Lex der salischen Franken (Tit. LV, 1) die einzige ist, welche die Friedlosigkeit und zwar als eine ablösbare noch in dem einzigen Falle des Leichenraubes eintreten läßt, erkennen wir ihr Wesen noch ganz klar aus ihrer reichen Verwendung in den nordischen Quellen. Sind es doch in der hierin am weitesten gehenden Gragas nur ganz leichte Fälle, auf welche die Friedlosigkeit in ihren Modifikationen keine Anwendung mehr findet — selbst der Schreiber eines verliebten Gedichtes auf eine Frau wird darnach noch friedlos! —, und kennen doch die nordischen Quellen noch eine größere Zahl von Fällen unablösbarer Friedlosigkeit![1]

---

[1] Ubotamàl. S. darüber v. Amira, Das altnorwegische Vollstreckungsverfahren. München 1874. S. 18 ff.

Daß aber der Verlust des Friedens ursprünglich die einzige Rechtsfolge aller Friedbrüche war, ergibt sich grade daraus, daß die Friedlosigkeit bei allen den Verbrechen abgekauft werden mußte, bei denen sie — um mich so auszudrücken — nicht mehr unmittelbar zur Anwendung kam. Auch zeugt dafür das gotische Wort für verurteilen: gavargjan. Vargr ist der Wolf; gavargjan bedeutet: für einen Wolf erklären. Das älteste germanische Urteil war ein Urteil über Untat, und zwar das die Friedlosigkeit des Angeklagten, vielleicht schon Erschlagenen anerkennende Urteil.

Endlich beweist dafür die Behandlung handhafter Tat, wovon alsbald noch zu sprechen sein wird.

VII. **Hatte sich aber der Mißtäter durch seine Untat selbst aus dem Frieden gestoßen, so gab es nun gegen ihn kein Unrecht mehr.** Ursprünglich konnte jeder ihm antun, was ihm beliebte, insbesondere ihn töten, verwunden, außer Land jagen. Niemand durfte ihn hausen, auch seine Frau nicht. Die Kinder, die ihm noch geboren werden, sind unehlich; sein Vermögen verfällt und wird eingezogen (Frohndung), und die Flamme verzehrt mit seinem Hause sein Andenken (Wüstung).

Uns erstaunt das Gleichmaß in der Maßlosigkeit. Das Gleichmaß bestehend in der völligen Rücksichtslosigkeit der Verbrechensfolge auf die verschiedene

Schwere der Mißtat. Die Maßlosigkeit! Denn die Friedlosigkeit war wie ein großes Arsenal, dessen Bestand die schwersten Strafmittel in sich barg — Strafmittel, deren jedes schon allein zur Ahndung schweren Friedbruches genügte, wie Tötung, Verstümmelung, Verbannung, Verknechtung, Einsperrung, Beschimpfung, Wüstung, Vermögenseinziehung. Es lag nahe, diese Bestandteile in selbständige Strafen zu wandeln. Diese „Abspaltungen der Friedlosigkeit" wie sie Brunner — einen Wildaischen Gedanken treffend bezeichnend — genannt hat, sind auch später in der Geschichte wirklich vorgenommen worden [1].

Man darf mit nur leichter Übertreibung sagen: **die Friedlosigkeit ist die Mutter aller späteren Strafen mit Ausnahme der Geldstrafe gewesen.** Sie sind ihre selbständig gewordenen Teile.

VIII. Alsbald mit der Erkenntnis der Friedlosigkeit wird **die Einordnung der Rache in das Rechtsleben klar.** Jene ist die notwendige Voraussetzung jeder zulässigen Rache. Gegen den Wolf gibt es kein Recht. So kannten die Germanen auch kein Rache-, kein Fehde-Recht [2]. Aber unverboten, freigegeben war

---

[1] S. Brunners treffliche Abhandlung: „Abspaltungen der Friedlosigkeit", Sav. Z. German. Abt. XI, 1890, S. 62 ff., auch abgedruckt in Brunners Forschungen S. 244 ff.

[2] Hier weiche ich stark von Brunner ab. S. dessen Rechtsgeschichte I[2] S. 223: „Die Fehde ist ein Recht des Verletzten und

die Rache, wie heute noch die Tötung des Raubzeuges, wie nach den späteren Reichsgesetzen die Tötung der Zigeuner — ursprünglich freigegeben auch ihrem Umfange nach.

Das Motiv zur Ausübung der Rache war die richtige Empfindung von der Unerträglichkeit des Unrechts. Ihr Ausmaß bestimmte sich im Einzelfall nach dem Maße der Leidenschaft des zur Rache Schreitenden.

Und nun sehen wir den Rächer als Anwalt des Rechtes seine große weltgeschichtliche Mission erfüllen: das ist die Entdeckung des Vergeltungsgedankens, des großartigsten und unvergänglichsten auf dem ganzen Gebiet der Ethik, in konkreter Anwendung: der Kunst des Ausmaßes der Verbrechensfolge nach der Schwere der Untat.

Der Rächer wird zum ersten Vergelter. Bald übt er die Rache durch Tötung, bald durch Verwundung oder Verstümmelung, bald jagt der Rächer den Friedlosen aus dem Lande oder sperrt ihn eine Zeitlang in seinem Hause ein, bald läßt er ihm den roten Hahn aufs Dach fliegen oder nimmt ihm von seiner

---

seiner Sippe." S. dagegen v. Amira, Grundriß S. 175: „Nur ein Reflex dieser Schutzlosigkeit des Ächters, kein subjektives Recht, ist das von Neueren sog. Fehderecht." Dies auch die Auffassung von Wilda und Waitz. Das von Rogge, Gerichtswesen S. 2 ff. und 21 ff., anerkannte Fehderecht des Übeltäters ist eine der größten Ungereimtheiten, die je aufgestellt worden sind.

Habe, bald endlich büßt er seine Lust in Kränkung und Beschimpfung des Feindes — hie und da durch Taten rohen Galgenhumors! **Dadurch wird er zum Teil-Vollstrecker der Friedlosigkeit.** Und bei dieser Teilvollstreckung bewendet es dann tatsächlich. Eine amtliche Vollstreckung der Friedlosigkeit hat es — von der Frohndung abgesehen — nie gegeben. Vielleicht auch verzichtet der Verletzte ganz auf die Rache[1].

Nur vereinzelt bestand wohl eine Rechtspflicht, Friedlose zu töten, oder wurde, wie in Island und England, ein Preis auf ihr Haupt gesetzt.

Hatte der Friedbruch aber die Allgemeinheit erregt, war er vielleicht auf der Thingversammlung begangen, so wird der Täter von ihr verfolgt und erschlagen.

Am längsten hat sich die Friedlosigkeit an dem bewährt, der auf handhafter Tat ergriffen wurde. Auch wenn seine Tat sonst zu den bußfälligen gehörte, ja auch, wenn er sich zur Buße erbot, konnte er erschlagen werden und zwar von Jedermann. Erst im Spätmittel-

---

[1] Ebenso lehrreich wie schön ist die Geschichte von Thorstein Stangennarbe, die Andreas Heusler der Jüngere im Kunstwart 1907, S. 198, in deutscher Sprache mitgeteilt hat, wie Bjarni, obgleich ihm Thorstein drei Leute erschlagen hat, nicht zur Rache an dem friedlos gelegten Thorstein schreiten will, weil, wie er seinem hetzenden Weibe zur Antwort gibt, Thorstein unverdient keinen getötet habe, und wie er dann ritterlich mit ihm kämpft, und Thorstein, der sich im Unrecht weiß, ihn auf jede Weise schont und ihm hilft und sich ihm dann zur Sühne in die Knechtschaft gibt.

alter schrumpft — wie v. Amira, Grundriß, S. 147 treffend bemerkt — dies Recht gegen den handhaften Täter zum Notwehr-Recht zusammen. Der letzte Rest dieser Friedlosigkeit des handhaften Täters besteht noch heute in dem Recht jedermanns, ihn zwar nicht zu töten, aber vorläufig festzunehmen. Strafprozeßordnung § 127. Die Gesetzgebung hat dann mit der Zeit den Vollzug der Friedlosigkeit eingeschränkt: **zeitlich**, besonders auch durch die Forderung, mit der Rache das Urteil abzuwarten, **persönlich** auf den Verletzten und bei Totschlag auf seine Sippe, **örtlich**, besonders durch Asylgewährung, auch wohl später durch Beschränkung der Acht auf das Banngebiet des ächtenden Richters, **inhaltlich** durch Ausschluß gewisser Arten der Rache-Übung. **Für den Charakter unsrer Vorfahren ist aber charakteristisch, daß sie in dieser Entwicklung auf die Talion nie verfallen sind.** Denn diese ist in ihrer ursprünglichen Bedeutung nie eine Strafe gewesen, sondern auch nur ein zumal durch Rohheit und Grausamkeit ausgezeichneter Versuch, die Rache inhaltlich, und zwar nach der objektiven Größe der erhaltenen Verletzung zu beschränken.

All dies näher darzulegen liegt jedoch ganz außerhalb meiner Aufgabe.

X. Wie schwer aber die germanischen Völker gelitten haben unter diesen Racheübungen, die ja oft zu dauernden Rachekriegen zwischen den Geschlechtern ausgeartet sind, und wie stark dies empfunden wurde, beweist die Einführung der Ablösbarkeit für die erste furchtbare Folge des Friedbruchs. Die Sitte ist hierin zweifellos dem Rechte vorausgeschritten. Wir sehen im Norden angesehene Männer, wie in der Njala-Saga den als so edel dargestellten Njal, bemüht, auch für die Bußnahme in den Verbrechensfällen zu wirken, bei denen auf die Rache am schwersten verzichtet wurde: für Totschlag. Das hat freilich auch bei ihnen eine Grenze. Als die Feinde von Njals Söhnen seinen Hof umstellt hatten, in dem er mit den Söhnen lebte, und als sie dem Alten und dessen Frau anboten, vor der Brenna das Haus zu verlassen, da erwiderte Njal: „Ich bin ein Greis und unfähig, meine Söhne zu rächen. In Schande aber will ich nicht leben."[1] Und er legt sich mit seiner Frau auf das Lager und die Flammen schlugen über ihnen zusammen.

Was die Sitte eingebürgert, hat dann das Recht sanktioniert. Nur darf nie vergessen werden, daß die Rechtsquellen nur die Ablösung normieren, die gerichtlich geltend gemacht wird: **für die ganze Periode der Bußzahlung blieb auch der außergerichtliche Vergleich zulässig**, sofern er nicht später in einzelnen Territorien aus fiskalischen Gründen untersagt wurde.

---

[1] Wilda, Strafrecht der Germanen, S. 177.

1. Die Ablösung der Friedlosigkeit geschah durch **Zahlung** ursprünglich wohl von Kühen, auch wohl von Wollenstoffen, später von Geld. **Zahlungspflichtig** war bei dem schwersten Verbrechen der Tötung **der Schuldige und seine Sippe:** denn auch diese war ja der Rache verfallen —, **sonst der Schuldige allein oder sein Herr.** Die wichtigste, die Totschlagsbuße, das **Mann- oder Wergeld**, war so hoch, daß der Verbrecher allein sie regelmäßig nicht aufbringen konnte. So wurde der freie Franke beispielsweise mit 200 solidi gebüßt, und man mag den solidus etwa einer Kuh an Wert gleichstellen.

Uns nimmt Wunder, daß auf die so heilig gehaltene Rache gegen Geld verzichtet wurde. War der Hunger nach Gold wirklich noch größer als der Durst nach dem Blute des Feindes? Es wirkte aber nicht allein der Klang des Goldes, auch nicht allein die Erwägung, daß die Buße zugleich erlittenen Schaden zu ersetzen geeignet war, — sie heißt ja auch Besserungsgeld, emenda, — **sondern mit dem Anerbieten der Buße verband sich ursprünglich das Schuldbekenntnis.** Demütig erfolgt das Erbieten: der Schuldige legt die Waffen nieder und naht sich bittend. Und in dem Bußanerbieten kam die Bereitwilligkeit, für die verübte Unbill Genugtuung zu leisten, zum wirksamen Ausdruck. Dadurch wurde gerade die Buße zur satisfactio. Für solche Erklärung, die ja zugleich eine Abbitte bedeutete, waren unsere Vorfahren trotz ihrer Leidenschaftlichkeit empfänglich genug, wie ja der edel Denkende es auch heute noch ist.

Ein ergreifender Zug aus der Thorstein-Saga mag dies erläutern. Dem blinden Thorstein dem Weisen ist der Sohn erschlagen. Auf des Vaters Klage wird der Mörder verbannt. Als dieser nun Buße bietet, wehrt Thorstein ab mit der offenbar zum Sprichwort gewordenen Wendung: „Ich mag den Sohn nicht im Beutel tragen." Da legt der Verbannte dem Alten den Kopf in den Schoß auf Gnade und Ungnade. Und da schmilzt das Eis um des Alten Herz und er sagt: „Ich will dir den Kopf nicht abschlagen lassen. Die Ohren stehen am besten, wo sie gewachsen sind."[1] Und nun nimmt er die Buße.

2. Die Bußen unserer Rechtsquellen haben ganz regelmäßig zwei Empfänger: **die Buße im engeren Sinne erhält der Verletzte, die Totschlagsbuße die Erben und die weitere Sippe des Erschlagenen**; der andere Teil der compositio, des Vergleichsgeldes, wird unter dem Namen des **Friedensgeldes** (der poena pacis, der wîte, später der Wedde oder des Gewedde) an den Richter, in unserer Sprache an den Staat, bezahlt. Letzteres geschah ursprünglich

---

[1] Wilda, Strafrecht der Germanen, S. 175.

vielleicht nur dafür, daß der Richter bei Wiedererrichtung des Friedens mitgewirkt hatte; sehr bald aber greift die vielleicht schon ursprüngliche Auffassung im Norden und im Süden vollständig durch, der Verbrecher habe sich den Frieden an zwei Stellen zurückzukaufen: **durch die Buße im engeren Sinne vom Verletzten und ev. von dessen Sippschaft, durch das Friedensgeld von der Allgemeinheit**. Auf dem Boden einer von Grund aus anderen Auffassung steht es dann, wie sich nachher zeigen wird, wenn später das Friedensgeld als **Strafe für den Bruch des gemeinen Friedens** aufgefaßt und dann wohl auch „**Brüche**" genannt wird[1].

Interessant ist zu sehen, daß das Friedensgeld meist kleiner ist als die Buße: ein Drittel der Gesamtbuße beispielsweise bei den salischen und ribuarischen Franken. Richtiger teilten die Langobarden die ganze compositio zu gleichen Hälften zwischen dem König und dem Verletzten.

Nach Zahlung des gesetzlichen oder vereinbarten Sühnegeldes wurde der Friede, falls Fehde gedroht oder stattgefunden hatte, durch feierlichen Sühnevertrag wiederhergestellt. Die Vertreter der beleidigten Sippe schwören **Urfehde**.

---

[1] S. His, Strafrecht der Friesen, S. 241.

3. Der Kampf zwischen der Bußgesetzgebung und der Friedlosigkeit und Rache vollzog sich in zwei Stadien:

a. **Dem Verletzten oder der beleidigten Sippe wird ursprünglich die Klage auf Buße mit der Füglichkeit der Fehde und der Rache zur Wahl gestellt.** Nie hatte der Verbrecher selbst das Wahlrecht. Dieser Rechtszustand bestand im friesischen und niedersächsischen Recht sogar noch bis ins 14. und 15. Jahrhundert[1].

b. **Oder aber** — und das ist der kühnere, offenbar spätere Schritt — **den Verletzten wird die Fehde verboten und sie werden ausschließlich auf den Weg der Bußklage gewiesen**: cessante faida, id est inimicitia, wie die langobardischen Quellen dies ausdrücken.

Beiden Stadien ist gemeinsam, daß zum ersten Male strafrechtlich bedeutsame subjektive Rechte — und zwar nicht nur auf Anerkennungs-, sondern auf Leistungsurteile zugunsten des Klägers anerkannt werden.

Noch sind sie keine Rechte auf Strafe, sondern — daß ich so sage — auf Kaufgelder, besser auf Thorgelder — gezahlt zur Wiedereröffnung der Pforten der Friedensordnung. **Aber später** (s. unten s. XI, 2)

---

[1] Frauenstädt, Blutrache, S. 14.

werden sie die ersten subjektiven Rechte auf Strafe in der deutschen Geschichte.

Im ersten Stadium entsteht sehr interessanter Weise das subjektive Recht zur Belohnung für den Verzicht auf die unverbotene Eigenmacht, auf die Rache, im konkreten Fall: der Verletzte verdient und erwirbt es sich durch seinen Verzicht. Im zweiten Stadium fordert der Gesetzgeber den generellen Verzicht und belohnt ihn mit einer generellen Ermächtigung. Der Gedanke der Belohnung für freiwilligen Verzicht ist schon untergegangen.

4. Der Buße bleibt aber die Friedlosigkeit subsidiär. Wer sie nicht zahlen kann oder will, der wird regelmäßig dem Kläger auf Gnade und Ungnade zugesprochen, ihm gegenüber also friedlos gekündet. Diese Friedlosigkeit nahm dann regelmäßig die Form der Verknechtung an. Die Grenze der Knechtsbehandlung zog — um mit Th. Mommsen und Brunner zu sprechen — gute Gewohnheit.

XI. Das ganze Bußsystem, das in den sogenannten leges barbarorum, den Volksrechten der süd- und westgermanischen Völker durchaus überwiegt, das ihren Sturz lange überdauert und in Friesland z. B. seine volle Herrschaft bis zum 15. Jahrhundert behauptet hat[1], bildet in der Geschichte der Verbrechensfolgen

---

[1] S. His, a. a. O. S. 167.

die merkwürdigste Übergangsperiode zwischen der Ausstoßung des Verbrechers aus der Rechtsgemeinschaft und seiner Bestrafung innerhalb ihrer: zwischen Acht und Strafe[1].

1. Grundsätzlich wird der Friede noch durch die Tat verloren. Aber in allen Fällen, wo dem Verletzten nicht mehr die Wahl zwischen Buße und Rache gegeben war, bleibt der Vollzug der Friedlosigkeit suspendiert, und wird sie durch Zahlung der Buße und Sühneverfahren von Rechtswegen aufgehoben. So eröffnet die Buße dem Rechtsungenossen die Rückkehr in die Rechtsgemeinschaft, und nur bei Nichtzahlung der Buße gewinnt die Friedlosigkeit, aber in sehr abgeschwächter Form, noch praktische Bedeutung.

2. Die Buße ist ursprünglich keine Strafe, vielmehr Zahlung eines Preises für Wiedererlangung eines unschätzbaren Gutes — Genugtuung für den Verletzten und zugleich für die Gemeinschaft zwar, aber nicht ein Übel, sondern eine Wohltat für den Verbrecher.

Dieser Gedanke des Friedkaufs jedoch, wodurch sich, um mit den norwegischen Quellen zu reden, der Friedlose aus dem Wald wieder ins Land kauft[2], verblaßt mit der Zeit.

---

[1] S. auch Wilda, a. a. O. S. 475.
[2] v. Amira, Grundriß, S. 149.

Damit aber steht die Geschichte an einem großen Wendepunkt, dessen Eintritt sich freilich kalendarisch nicht genau festlegen läßt. **Der Verbrecher verliert dann durch seine Tat den Frieden nicht mehr.**

In demselben Augenblick aber — und nicht früher — treten **die Strafe** und **das subjektive Recht auf Strafe** zuerst in **das germanisch-deutsche Recht ein.** Und zwar in sehr merkwürdiger Kombination! Denn nun wandelt sich die Buße an den Verletzten **in echte Privatstrafe an ihn, und das Fredum in die erste dem Gemeinwesen geschuldete, also öffentliche Strafe.** Beide gehen regelmäßig, wenn auch nicht immer, Hand in Hand[1]. Die zwei großen Strafberechtigten der Geschichte, von denen der eine den andern schließlich vernichtet hat, stehen hier noch eng einträchtiglich nebeneinander.

3. Wir hatten früher bei der Acht Anstoß genommen an dem Mangel aller Proportionalität zwischen der einzelnen Mißtat und ihrer Rechtsfolge. Der Vergeltungsgedanke schlummerte noch im Schoß der Zeiten.

Mit der Buße aber tritt eine Verbrechensfolge in die Welt, die in ihrer unendlichen Abstufbarkeit wie kaum

---

[1] Das Fredum strebt später — und nicht ohne Erfolg — seine Selbständigkeit und Unabhängigkeit von der Buße an.

eine andere geeignet war, die verschiedene Schwere der begangenen Friedbrüche zum Ausdruck zu bringen.

Und der Aufstellung dieser Gleichung hat sich die Bußgesetzgebung mehr und mehr, und schließlich eher zu viel als zu wenig gewidmet.

Ursprünglich kannten die germanischen Stämme je nur zwei Bußsummen: das hohe Wergeld, das sich übrigens nach den Ständen der Freien im Volke differenzierte, regelmäßig eine Summe bestimmt nach dem Dezimal-Maß (etwa 300, 200, 150 sol.), und eine kleine Bußzahl vielfach 12 sol., als Generalbuße für alle sonstigen bußfähigen Delikte.

Aber diese Ursummen, wenn ich so sagen darf, wurden später verdoppelt, verdreifacht, aber auch geteilt, und so nahmen die Gesetze vielfach die frappierende Gestalt detailliertester Bußtarife für die ganze Stufenleiter der Verbrechen an. Es gewinnt den Anschein, als dürfe das Verbrechen für einen bestimmten Geldbetrag verübt werden — ein Anschein, den auch manche Strafdrohungen der Gegenwart noch erwecken.

4. Fragt man endlich — und diese Frage ist in der Geschichte der Verbrechensfolgen eine der allerwichtigsten —: „in den Dienst welcher Affekte ist dies Bußsystem gestellt gewesen?" so lautet die Antwort: es diente ganz überwiegend zur Besänftigung der Affekte des Verletzten resp. der Sippe des Getöteten. Alle

andern Volksgenossen, sofern sie früher wohl helfen konnten die Acht zu vollstrecken, sind ausgeschieden. Auf ihr Empfinden wird keine Rücksicht mehr genommen. **Der Verletzte allein hat die Klage auf die Buße:** eine selbständige Inanspruchnahme des Friedensgeldes durch den Staat gibt es nicht. Ist der Missetäter zu arm, um Buße und Friedensgeld zu zahlen, so geht jene vor. Auch bei der außergerichtlichen Buß-Vereinbarung geht der Staat leer aus.

Aber nicht mehr kann sich jener Affekt die Mittel seiner Befriedigung nach Art und Maß selbst suchen und nehmen, wie zur Zeit der freien Rache, sondern die **Volksempfindung** bestimmt im Gesetz, daß er sich mit Geld, gezahlt in bestimmter Höhe, zufrieden geben muß, auch wenn sein Gefühl sich dagegen auflehnt.

XII. Wilda in seinem vortrefflichen Werke „Geschichte des deutschen Strafrechts", von dem man auch heute noch nur aufs tiefste bedauern kann, daß es nicht vollendet worden ist — mit solchem Verständnis der Sache und der Quellen ist es geschrieben —, hat nach dem Vorherrschen der Strafarten „drei Hauptperioden des germanischen Strafrechts" unterschieden, die allerdings nicht nach Jahren getrennt werden könnten: **die der Friedlosigkeit, die der Buße und die der öffentlichen Strafen.** Was Wilda gemeint hat, ist zweifellos richtig: nur war die Friedlosigkeit nie eine **Strafe**, die Buße wurde es erst ganz zum Schluß ihrer Periode, und die von ihm sogenannten öffentlichen Strafen sind auf lange hinaus noch keine öffentlichen Strafen gewesen.

Die genaue Erkenntnis kaum eines Punktes des germanischen Strafrechts ist mit solchen Schwierigkeiten verbunden wie die der Entstehung und des Wesens dieser sogenannten öffentlichen Strafen an Leben, Leib, Freiheit und Ehre. Mit vollem Fuge ist gesagt worden: „Nicht das Strafmittel ist es, welches das Wesen der öffentlichen Strafe ausmacht, sondern der Gedanke, der bei deren Anwendung die Art des Gebrauches bestimmt." (Wilda, S. 487.) Die Quellen reflektieren aber gerade über diesen Gedanken natürlich gar nicht, und so ist gar manches Wahrscheinliche nicht sicher erweislich.

Man geht gewiß nicht fehl, das Aufkommen dieser Art der Reaktion wider die Mißtat — ich will sie abgekürzt „die Strafen an Leib oder Leben" nennen — geschichtlich auf zwei Ursachen zurückzuführen: einmal auf das Unmaß der Friedlosigkeit, die Unsicherheit des Looses, das infolgedessen den Friedbrecher traf, und die Verderblichkeit der Fehden, die sie auslöste, dann aber auch auf die Einseitigkeit und die mangelnde Energie des Bußsystems.

Die erste Ursache führte zur Abminderung der Friedlosigkeitsfolgen auf bestimmte Teile. Diese Teile werden selbständig, verdrängen das Ganze und wandeln sich zu echten Strafen. Sie werden zu Strafen deshalb, weil nun die Teile den Eintritt des Ganzen verneinen, weil also der Täter den Frieden nicht mehr verliert, sondern nun innerhalb der Rechtsgemeinschaft seine Tat an Leib oder Leben büßen muß.

Hierbei vollzieht sich eine ähnliche Umwandlung, wie sie oben gelegentlich der Entstehung des Bußrechts charakterisiert worden ist. Übersetzt man den Vorgang, der sich sicher unbewußt vollzog, in einen bewußten, so stellt er sich so dar: wiederum wird als Belohnung für den Verzicht auf die volle Friedlosigkeit und die dadurch freigegebene volle Rache ein **subjektives Recht auf eine bestimmt beschränkte Racheübung gegeben.**

Besonders klar läßt sich jene Abminderung nach vielen Quellen an der Todesstrafe erweisen. Der Verbrecher wird nun innerhalb der Gemeinschaft der Verbrechensfolge unterworfen. Diese ist dem Gute nach, das dem Verbrecher genommen werden soll, genau bestimmt. Wie aber die Friedlosigkeit alle Tötungsarten umfaßte, so geben viele Quellen die Arten der zu verhängenden Todesstrafen nicht an, und selbst die Urteile füllten diese Lücke nicht aus und erklärten den Schuldigen nur morte dignus [1].

---

[1] S. Brunner, II, S. 474.

Die Bestimmung der Strafart war dann entweder Sache des die Vollstreckung anordnenden Richters oder des Vollstreckenden selbst.

Wie die Friedlosigkeit, wenn auch nicht in ältester Zeit, so doch später durch Geldzahlung ablösbar war, so blieb die Lösbarkeit auch dieser sogenannten öffentlichen Strafen grundsätzlich durch das ganze Mittelalter anerkannt — eine Erscheinung, die man wegen der Ungleichheit krimineller Behandlung von Reich und Arm, zu der sie geführt hat, nur beklagen müßte, wäre nicht zugleich dadurch eine Milderung der maßlos grausamen Bestrafung im Mittelalter herbeigeführt worden.

Die Peinliche Gerichtsordnung Karls V. von 1532 verwirft diese sogenannte Ledigung der Strafen ganz. Sie hat sich aber noch tief in die neuere Zeit hinein erhalten.

Neben die überwiegende Todesstrafe, die der Friedlosigkeit am nächsten steht, treten dann besonders die Verstümmelungen. Sie hatten schon früher verschiedentlich zur Vorbereitung des Opfers gedient. Jetzt fungieren sie als Abschwächungen der Todesstrafe[1]. Bei ihnen insbesondere bilden sich die Beziehungen zwischen der Strafe und dem Gliede des Verbrechers aus, mit dem er die Tat verübt hat. Der Mißtäter wird gern an

---

[1] S. Brunner, II, S. 604.

diesem Gliede bestraft, wie etwa der Münzfälscher an der Hand, der Meineidige durch Verlust der Schwurfinger: es entstehen die von Brunner sogenannten spiegelnden Strafen. Der Dilettant spricht von „Talion".

In dieser ganzen Gruppe von Fällen schließt sich die sogenannte öffentliche Strafe unmittelbar an die Friedlosigkeit an: das Bußsystem wird sozusagen übersprungen. Wilda's drei Perioden reduzieren sich insoweit auf zwei.

2. Das zeitliche Verhältnis von Buße und diesen sogenannten öffentlichen Strafen ist aber in einer Reihe von Fällen das umgekehrte. Und dann allerdings trifft die Dreizahl der Wilda'schen Perioden zu.

Wir sehen nämlich diese sogenannte öffentliche Strafe gegen die Überherrschaft des Bußsystems den Kampf aufnehmen, der für sie mit dem vollen Siege, will sagen: mit der vollen Verdrängung der Buße endet.

Die Peinliche Gerichtsordnung Karl V. von 1532 kennt die germanische Buße gar nicht mehr, die Buße selbst aber nur noch in verschwindendem Umfange und nur noch in der römischen Form als bürgerliche vor dem Zivilgericht einzuklagende Privatstrafe.

Dieses siegreiche Zurückdrängen der Buße erklärt sich aus zwei Gründen. Zunächst aus ihrer krankhaften Einseitigkeit. Die Buße setzte den zahlungsfähigen Mißtäter voraus. Aber wie oft fehlten dem besonders zu höherer Buße Verurteilten die nötigen Gelder, während die Lockerung des Sippenverbandes ihn hinderte, bei seiner Sippe Hilfe und Beistand zu finden! Alle Zahlungsunfähigen litten dann das gleiche meist ganz unverhältnismäßig große Übel, dem Gläubiger zugesprochen zu werden. Der Reiche dagegen mochte wohl der Buße spotten.

Bei den Stämmen, die auf römischem Boden seßhaft wurden, mochte auch das römische Vorbild den Germanen das Unzureichende dieser Verbrechensfolge für schwere Mißtat anschaulich machen und zum Bewußtsein bringen [1].

Richtig ist gesagt worden, dies Bußsystem habe sich selbst zerstören müssen [2].

Dazu kam ein anderes! In der Zeit der Volksrechte stärkte sich die öffentliche Gewalt. Die Aufgaben des Königs wuchsen. Er glaubte energischerer Mittel zur Niederhaltung des Verbrechens zu bedürfen, als die Buße ihm bot: der Gedanke der Abschreckung durch die Strafe griff Platz und betätigte sich in der energischen Verwendung der Leibes- und Lebensstrafen.

XIII. Aber warum spreche ich so pedantisch immer nur von sogenannten öffentlichen Strafen? Weil sie es in Wirklichkeit noch lange nicht sind! Noch erscheint das

---

[1] Ganz besonders klar tritt uns dies z. B. in der Lex Burgundionum T. II 1 entgegen.

[2] Wilda, a. a. O. S. 486.

Gemeinwesen nicht als der Strafberechtigte, **vielmehr ist es noch der Verletzte.**

Seinen Anspruch auf Rache erkennt das Gericht an, es gibt ihm nur einen bestimmten Inhalt und eine bestimmte Begrenzung. **Seinem** Affekte soll dadurch noch an erster Stelle Genüge geleistet werden.

Dies ergibt sich unwidersprechlich aus dem Strafverfahren, wie denn zu allen Zeiten und bei allen Völkern jeweilen der beste Aufschluß über die Auffassung von Verbrechen und Strafe aus den Satzungen über das Strafverfahren gewonnen werden kann.

Das germanisch-deutsche Strafverfahren ist bis zum endgültigen Siege des von Innocenz III. um 1200 geschaffenen, von der italienischen Jurisprudenz weiter gebildeten, in Deutschland vom Ende des 15. Jahrhunderts an allmählich rezipierten Inquisitions-Prozesses — und jener Sieg fällt erst in die zweite Hälfte des 17. Jahrhunderts — in seiner regelmäßigen Form ein sog. akkusatorisches Verfahren gewesen. Also wo kein Kläger, da kein Richter. Und der Klagberechtigte, der „Hauptmann der Klage"[1], wie er in manchen Quellen heißt, war der Verletzte ev. sein Erbe. Der Ermordete klagte ursprünglich selbst. Seine Leiche, später die tote Hand wurden vor das Gericht gebracht, und der nächste

---

[1] S. v. Amira, Grundriß, S. 152.

Schwertmagen sprach statt seiner. Wir finden die Reihenfolge der Klageberechtigten sorgfältig geregelt. Dem zur Klage Berechtigten lag aber keine Klagepflicht ob. Um mit dem Sachsenspiegel zu reden: Jeder konnte seines Schadens schweigen, wenn er wollte.

Diesem privaten Ankläger als echter Partei stand der Angeklagte als echte Partei gegenüber. Zwischen ihnen allein ging der Rechtsstreit. Jede Partei beweist wider die andere, keine dem Gericht. Selbst in dem Bußverfahren trat das Gemeinwesen trotz seines Anspruchs auf das Friedensgeld als Partei in den Prozeß nicht ein. **Das Recht, worüber allein entschieden wurde, war also lediglich ein Recht des Anklägers gegen den Angeklagten:** vom Affekt des Klägers her beleuchtet jetzt ein **wirklicher Rechtsanspruch auf Rache,** streng juristisch jetzt ein **privates Recht des Verletzten auf Leibes- oder Lebensstrafe.**

Und so ergibt sich die auf den ersten Blick so befremdende Tatsache, daß auch die Strafmittel an Leben, Leib, Freiheit und Ehre wohl jahrhundertelang in Wahrheit echte Privatstrafen gewesen sind[1].

---

[1] Sehr bedenklich im Ausdrucke Frauenstädt, Blutrache, S. 93: „Der Anklageprozeß dieser Epoche ist nicht sowohl ein selbständiger Akt der öffentlichen Strafgewalt, als vielmehr die Blutrache in der vom Staate gebilligten Form."

Damit hängt aufs engste die auch wieder so befremdliche Art der Vollstreckung dieser Strafen zusammen.

Das älteste germanische Strafverfahren war eingliedrig: nur Verfahren bis zu dem die Friedlosigkeit des Angeklagten anerkennenden Urteil einschließlich. Seiner Aufgabe nach konnte es ein rechtlich geordnetes Vollstreckungsverfahren nicht kennen.

Und die Ausbildung eines solchen hat unbegreiflich lange auf sich warten lassen. Ein amtlich bestelltes Organ der Strafvollstreckung ist noch im späten Mittelalter nicht in allen Gerichten vorhanden.

Vielmehr lag die Vollstreckung ursprünglich durchaus auf dem siegreichen Kläger. War der Sippe oder dem Ehemann ein Tötungsrecht gegen ihr schuldiges Mitglied, eventuell die ehebrecherische Frau zugesprochen, so nahmen Sippe oder Ehemann die Tötung vor[1]. Aber in anderen Fällen steht es ganz analog. Wir sehen in Friesland den Bestohlenen den Dieb hängen. Noch 1470 enthauptet zu Buttstedt in Thüringen der älteste Agnat des Ermordeten den Mörder. Nur sehr allmählich ändert sich das und die Vollstreckung geschieht dann durch amtliche oder nichtamtliche Organe des Staates, etwa durch den

---

[1] J. Grimm, RA 4. Aufl., II S. 526.

jüngsten Ehemann der Stadt — eine wenig erfreuliche Beigabe der Flitterwochen!

Einige Quellen lassen uns diesen Übergang mit Händen greifen. So wenn mehrfach bestimmt wird, bei der Pfählung dessen, der einer Frau Gewalt angetan, solle die Frau die drei ersten Schläge auf den Pfahl tun, die übrigen aber der Henker.

Das Staatsorgan nimmt vor unseren Augen der Racheberechtigten die Rache aus der Hand, ohne daß sie dadurch allein schon in die öffentliche Strafe gewandelt wäre.

Mit diesem Charakter der Leibes- und Lebensstrafen als Privatstrafen stimmt freilich nicht ganz, daß verhältnismäßig früh schon das Geld zu ihrer Lösung voll an die öffentliche Gewalt fiel.

XIV. Hatte das germanische Recht die Beziehung der Untat auf den Gemeinfrieden nie verkannt, so war diese Auffassung doch im Bußsystem durch das Übergewicht des Genugtuungsbedürfnisses beim Verletzten ungebührlich zurückgeschoben worden. Es kam jetzt darauf an, dem öffentlich-rechtlichen Moment der Verbrechensfolge zu schärferem Ausdruck zu verhelfen, nachdem die verbrecherische Tat innerhalb der Rechtsgemeinschaft durch Strafe zur Verantwortung gezogen worden war.

In dieser Entwicklung spielt — wenn ich hier einmal vom Norden absehen darf — das fränkische

Königsrecht im Gegensatz zum fränkischen Volksrecht eine große Rolle. Und zwar in zweifacher Richtung.

1. Während das Friedensgeld erst spät zur öffentlichen Strafe wird und die Leibes- und Lebensstrafen einer Reihe der Zahl nach kaum genau bestimmbarer Jahrhunderte bedürfen, um die echte Natur öffentlicher Strafen zu gewinnen, tritt unter dem Merowingischen Königtume plötzlich eine Geldstrafe ganz rein öffentlichen Charakters in die Geschichte ein: das ist die **Bannbuße**, die Geldstrafe für die Mißachtung eines innerhalb der Schranke des Herkommens und der allgemeinen Rechtsanschauung ergangenen königlichen Befehls, die vom 6. Jahrhundert an als Sechzig-Schillingbuße zu so großer Bedeutung gelangt ist. Die Bannbuße ist keine compositio, kein Vergleichsgeld, das an den König zu zahlen wäre: sie steht zunächst ganz außerhalb des Bußsystems. Sie fällt aber stets voll an den König, und nie konkurriert der Verletzte, auch wenn ein solcher vorhanden ist[1].

Der König kann auch Handlungen verbieten, die nach Volksrecht erlaubt oder doch bußfrei sind. Er kann aber ebensogut nach Volksrecht schon verbrecherische Handlungen auch noch bei Bannbuße ver-

---

[1] S. bes. Sohm, Fränk. Reichs- u. Gerichtsverfass., S. 102 ff.; Brunner, Rechtsgesch., II, bes. S. 34 ff.

bieten, und sieben von den berühmten acht großen Bannfällen waren auch Verbrechen nach Volksrecht. Wo dies zutraf, trat der Bann an die Stelle des alten Friedensgeldes, und nur dann konnte die Bannbuße nicht im Verwaltungswege eingetrieben, sondern mußte gerichtlich eingefordert werden. In allen andern Bannfällen war jener Weg der einzige, die Bannbuße zu realisieren.

2. Die Bannbuße war aber sozusagen ein rasch aufgeschossener Wildling in der Strafrechts-Entwicklung, ganz abseiten von deren ordnungsmäßiger Bahn hervorgebrochen, und blieb in ihrer Eigenheit lange isoliert stehen. Erst viel später wird bei bußwürdigen Verbrechen die Buße öfter zur Scheinbuße und das Fredum, das Gewedde, entwickelt sich zur öffentlichen Geldstrafe.

Viel tiefer wirkte eine andere Abweichung vom Volksrecht, die auch auf königliche Initiative zurückzuführen ist: **die Einführung der amtlichen Verbrechensverfolgung auf Prozeßweg.**

Sie führte mit der Zeit zu voller Umwandlung in der Auffassung der Strafberechtigten und demgemäß auch des Wesens der Leibes- und Lebensstrafen.

Schon zur Zeit der Friedlosigkeit war ja ein amtliches Vorgehen gegen den Waldgänger, besonders zwecks seiner Vernichtung, durchaus zulässig: nur war dies kein Rechtsverfahren. Es hat gewiß gegen gemeingefährliche Verbrecher, wie Räuber und Gewohnheitsdiebe, oft genug stattgefunden.

Schon früh konnte aber der Beamte im fränkischen Reiche wegen gewisser Verbrechen von Amtswegen klagen, besonders auch wegen Totschlags, sofern der Fiskus wie bei dem Totschlag an „elenden Leuten" begangen, das Wergeld zu beanspruchen hatte. Dieses wurde dann auch zur öffentlichen Strafe.

Ein neu gebildetes Rechtsverfahren von Amtswegen gegen verbrechensverdächtiges Volk führte aber das Königsrecht des 9. Jahrhunderts in dem sog. **Rügeverfahren**, **dem Verfahren per inquisitionem** ein. Der vom königlichen Richter eingeschworene Rügezeuge — geschichtlich der Ahnherr unseres heutigen Geschworenen — schwört auf die ihm wegen begangener Verbrechen gestellten Fragen des Königsrichters die Wahrheit zu sagen, also ein Verdikt abzugeben. Bezichtigen diese Geschworenen nun pflichtgemäß auf ihren Eid jemanden eines Verbrechens, so muß dieser sich durch Eid oder Gottesurteil reinigen, widrigenfalls wird er zur Strafe verurteilt.

Dieses Rügeverfahren hat in der Folge eine große Entwicklung genommen. Es hat in seinen letzten Resten das Mittelalter lange überdauert, und die letzten Gerichte, die wenigstens den Namen der Rügegerichte bewahrt hatten, sind sogar erst durch die Reichsjustizgesetze mit dem 1. Oktober 1879 abgeschafft worden.

Erst über ein halbes Jahrtausend später verwirklicht sich in Deutschland derselbe Gedanke amtlicher Verbrechensverfolgung in derjenigen Form, von der man nur bedauern kann, daß sie sobald wieder verschwunden ist — andernfalls wäre uns eine Zeit furchtbarster Prozeßkorruption erspart geblieben —: **in der Aufstellung öffentlicher Ankläger seitens einer Anzahl deutscher Territorien.**

Und am Ende des 15. Jahrhunderts beginnt die deutsche Gesetzgebung mit Anerkennung und Rezeption des kirchlichen Inquisitionsprozesses, der sich schon früher in der Praxis eingebürgert haben mußte, den auch die peinliche Gerichtsordnung von 1532 neben dem akkusatorischen Verfahren auf private wie auf öffentliche Anklage anerkennt, und der in der Folge den ganzen Akkusationsprozeß erdrosselt hat.

Nun leuchtet aber alsbald ein, daß der Grundgedanke amtlicher Verbrechensverfolgung **die Zuständigkeit des Staates zur Bestrafung zur Voraussetzung hat,** sich also zum Grundgedanken der Privatstrafe in den schärfsten Gegensatz stellen mußte.

In demselben Maße, in dem sich das amtliche Verfahren ausdehnt, wandelt sich die Auffassung der Leibes- und Lebensstrafen. **Das Recht auf sie wird als dem Staate zuständig erkannt: sie werden öffentliche Strafen.** Erst jetzt hat die öffentliche

Strafe die nötige Reichhaltigkeit der Strafmittel erlangt, um ihre Alleinherrschaft anzutreten. Jene Auffassung aber war schon längst durchgebrochen, bevor das Privatklageverfahren verschwunden ist.

Kein besseres Zeugnis dafür gibt es, als das Reichsgesetz von 1532. Sein ordentliches Verfahren ist immer noch begründet auf freiwillige Privatanklage. Alle seine peinlichen Strafen aber sind längst echte öffentliche Strafen geworden. Wie lange schon, darauf versagt die genaue Antwort. Vielleicht von heute rückwärts gerechnet ein halbes Jahrtausend, vielleicht etwas mehr. Sie würde auch für die verschiedenen deutschen Territorien verschieden zu lauten haben.

Jedenfalls hat die öffentliche Strafe an Leib oder Leben längst ihren Einzug in Deutschland gehalten, ehe das letzte Überbleibsel aus der Zeit der Friedlosigkeit, die Blutrache in ihrer rechtlichen Anerkennung, aus unsrem Vaterlande verschwunden war.

Noch im 16. Jahrhundert war die Blutrache, wie **Frauenstädt** in seinem schönen Buche darüber klar erwiesen hat, bei den **Friesen**, den **Holsten** und in der **Schweiz** rechtlich freigegeben. Noch in dem Jahre 1577 sind in Holstein vier Brüder Gülzow freigesprochen worden, weil sie zwar einen furchtbaren Mord, aber zur Rache an ihrem Feinde verübt hatten[1].

---

[1] S. Frauenstädt, Blutrache, S. 17 ff.

So wenig fügen sich die Perioden der Geschichte in den gemeinen Zeitablauf ein!

Betrachtet man den Werdegang der öffentlichen Strafe noch unter dem Gesichtspunkte der Wandlung in den Affekten, die auf das Verbrechen die Antwort erteilen, so erweist er mehr und mehr das **Zurückdrängen der Leidenschaft des Verletzten.** Soweit amtliche Verbrechensverfolgung Platz greift, entscheidet sie schlechterdings nicht mehr, ob es zur Bestrafung kommen soll oder nicht. Sie ist rechtlich auf das im Erfolg so zweifelhafte Mittel der **Verbrechensdenuntiation**, vielleicht auch des Antrages auf Verbrechensverfolgung zurückgedrängt. Sie entscheidet auch nicht mehr, auch nicht einmal durch die Art des Vollzugs mehr über den Inhalt der Strafe. Diese dient auch nicht mehr zu ihrer Befriedigung. **Der Zusammenhang zwischen der privaten Leidenschaft und der Strafe ist völlig gelöst.**

Gefühlsreaktion ist aber auch unsere öffentliche Strafe im Grunde ihres Wesens geblieben.

Auch aus ihr klingt noch die uralte Melodie von der Unerträglichkeit der Mißtat. Ihre Resonanz aber findet diese Melodie heute in dem Gemeingefühl der Gesamtheit.

Auch heute noch wendet sich diese Gefühlserregung

gegen den allein Verantwortlichen, den Schuldigen, und löst allein gegen ihn den Rückschlag aus.

Aber ungetrübt von der Leidenschaft des Einzelnen bestimmt nun die wägende Vernunft des Ganzen sein Maß und gibt diesem Rückschlag den weisen rechtserhaltenden Zweck: **Unterwerfung des Verbrechers unter die Macht des Rechts nach Maßgabe seiner Schuld, will sagen, seiner Überhebung.**

So ist unsere Strafe die edle, gegen früher so unendlich geadelte Antwort des Ganzen auf die oft so unedle Tat seines Gliedes. Für den Verbrecher bildet sie das irdische Fegefeuer: er sühnt dadurch in der Rechtsgemeinschaft, was er an ihr verschuldet hat.

Und an diesem tiefen Zusammenhang zwischen der Schuld, die nach Strafe ruft, und der Strafe, die allein des Schuldigen Haupt sucht und trifft — einer Verkettung, zu der es im ganzen weiten Gebiete des sozialen Lebens nicht die entfernteste Analogie gibt! — wird auch die Zukunft ohnmächtig rütteln, sollte sie so unklug sein, der Geschichte zu spotten, und versuchen, sich von einer ihrer größten Schöpfungen zu befreien: der im Feuer der Notwendigkeit gehärteten öffentlichen Strafe!

Es war eine ernste Rückschau, die ich gehalten!
Der Eintritt in unser Jubeljahr soll aber nicht ohne
frohen Ausblick in die nächste Zukunft erfolgen.

Die Universität rüstet sich zu einem Feste, das,
wenn es gelingt, wie es sollte und wie wir wünschen
und hoffen, jedem, der mitfeiert, eine wertvolle Erinnerung
für sein Leben bleiben wird.

Soll es aber gelingen, so reicht unsre — des Lehr-
körpers — einmütige Anstrengung nicht aus: wir brauchen
die allgemeine Teilnahme des Landes, wir brauchen die
treue und freundwillige Unterstützung unsrer Stadt
und ihrer Bürger, wir brauchen nicht am wenigsten
unsre akademische Jugend.

Wie könnte eine Universität ein großes Fest feiern,
ohne daß die Feststimmung in ihrer Studentenschaft
kulminierte?

Aber jede große Freude, meine jungen Freunde,
will verdient sein und bleibt rein, nur sofern sie verdient ist.

Und so rechnen wir darauf, daß auch Ihr Euch
tatkräftig das Anrecht auf frohes Fest und festliche
Freude verdienen werdet. Wir vertrauen, daß Ihr Eure
jungen Kräfte uns willig leiht zu den so mannigfaltigen
Vorbereitungen des Festes, daß Ihr uns helft, unseren
lieben Gästen von draußen, besonders aber unserm Rektor
Magnificentissimus den würdigen Empfang zu bereiten,

daß Ihr unser Fest schmückt durch die Weihe der Töne, daß Ihr uns im historischen Festzug durch die fünf Jahrhunderte unseres Bestandes führen werdet —: auf daß der König, unsere Gäste aus der ganzen Welt, die ganze Universität und alle alten Kommilitonen, die in Scharen kommen werden, ihre helle Freude haben an den jungen Kommilitonen von heute!

Dazu ist Eines nötig: unbedingte Einmütigkeit neidlosen Zusammenwirkens. Ein goldenes Friedensjahr bricht an! Jeder, auch der jugendlich Ungestüme, bleibe dessen stets eingedenk!

Wie Ihr fest darauf bauen könnt, daß wir Euch bei der Arbeit helfen nach allen Kräften, so bauen wir fest auf Eure einmütige Hilfe, und ich insbesondere getröste mich: Eurer Keiner wird seinen Rektor zuschanden werden lassen, wenn er ihn ruft. Und rufen wird er Euch — des dürft Ihr gewiß sein!

Und so wollen wir alle eines Sinnes an die Arbeit gehen! Möchte uns beschieden sein, daß heute übers Jahr von dieser Stelle gesagt werden könnte: dieses Jahr war ein Jahr voller Mühe, aber auch voll froher gemeinsamer Arbeit, einer Arbeit gekrönt von schönem Gelingen, war ein Jahr vor anderen Jahren wert gelebt zu werden! Das walte Gott!

Printed by Libri Plureos GmbH
in Hamburg, Germany